BEI GRIN MACHT SICH IHR WISSEN BEZAHLT

AF143551

- Wir veröffentlichen Ihre Hausarbeit,
  Bachelor- und Masterarbeit

- Ihr eigenes eBook und Buch -
  weltweit in allen wichtigen Shops

- Verdienen Sie an jedem Verkauf

Jetzt bei www.GRIN.com hochladen und kostenlos publizieren

Bibliografische Information der Deutschen Nationalbibliothek:

Die Deutsche Bibliothek verzeichnet diese Publikation in der Deutschen National-bibliografie; detaillierte bibliografische Daten sind im Internet über http://dnb.d-nb.de/ abrufbar.

Impressum:

Copyright © 2016 GRIN Verlag, Open Publishing GmbH
Druck und Bindung: Books on Demand GmbH, Norderstedt Germany
ISBN: 9783668474796

Dieses Buch bei GRIN:

http://www.grin.com/de/e-book/370051/fitnessoekonomie-verkaufsmanagement-13-phasen-des-verkaufs

Paul Krieger

Fitnessökonomie. Verkaufsmanagement. 13 Phasen des Verkaufs

GRIN Verlag

GRIN - Your knowledge has value

Der GRIN Verlag publiziert seit 1998 wissenschaftliche Arbeiten von Studenten, Hochschullehrern und anderen Akademikern als eBook und gedrucktes Buch. Die Verlagswebsite www.grin.com ist die ideale Plattform zur Veröffentlichung von Hausarbeiten, Abschlussarbeiten, wissenschaftlichen Aufsätzen, Dissertationen und Fachbüchern.

Besuchen Sie uns im Internet:

http://www.grin.com/

http://www.facebook.com/grincom

http://www.twitter.com/grin_com

Deutsche Hochschule für
Prävention und Gesundheitsmanagement
Saarbrücken

Einsendeaufgabe

Fachmodul: Verkaufsmanagement

Studiengang: Fitnessökonomie

Datum
Präsenzphase: 29.02 – 02.03.2016

Studienort: **Berlin**

Semester: **3. Semester**

Inhaltsverzeichnis

Name der Anlage und Standort (Stadt/Gemeinde):	XY GmbH
	Klassifizierung / Einordnung
Anlagenstruktur	Gemischtes Studio
Größe der Anlage	< 300 qm
Preisstruktur der Anlage	≥ 90,00 €
Beschreibung der Kernleistung	Verkauf von Mitgliedschaften

1 Verkaufsmanagement

1.1 Verkaufsorganisation

In der folgenden Tabelle wird der Verkaufsprozess von Mitgliedschaften meines Unternehmens dargestellt. Hier muss erwähnt werden, dass die Beratungsgespräche von Mitarbeiter zu Mitarbeiter unterschiedlich sind, da wir keinen Standard im Verkauf haben.

Tab 1: Phasen des Verkaufsprozess von Mitgliedschaften bei XY-GmbH

1. Vorbereitung	Sämtliche Daten vom Kunden werden aufgerufen und auf ein „Beratungsbogen" übernommen.
2. Kontaktaufnahme	Der Interessent wird freundlich begrüßt. Anschließend stellt sich der Mitarbeiter vor und es wird erfragt, ob der Interessent etwas trinken möchte.
3. Aufbau eines guten Drahts	Innerhalb des Beratungsgesprächs wird versucht ein Rapport mit dem Interessentenaufzubauen.
4. Bedarfsanalyse	Mithilfe von offenen Fragen wird versucht den Bedarf des Interessenten zu ermitteln.
5. Probetraining	Ein Probetraining wird mit dem Interessenten durchgeführt, um ihm zu zeigen, wie ein EMS-Training funktioniert und um weitere Bedürfnisse des Interessenten herauszufiltern.
6. Angebotsanalyse/-präsentation	Nach dem Probetraining wird mit dem Interessenten das für ihn passende Angebot ermittelt und vorgestellt.
7. Angebots- und Bestätigungsphase	Dem Interessenten werden noch einmal alle Vorteile und Nutzen der Mitgliedschaft erklärt.
8. Preispräsentation für die Mitgliedschaft	Sofern der Interessent sich nicht im Internet erkundigt hat, wird ihm nun der Preis für eine monatliche oder eine Jahresmitgliedschaft präsentiert.
9. „Ja" für die Mitgliedschaft	Dem Interessenten wird noch einmal gesagt, dass diese Mitgliedschaft für ihn genau das Richtige wäre.

10. Vorabschluss	Es werden Übereinstimmungen aufgezählt und mit einem definitiven Abschluss wird der Abschluss einer Mitgliedschaft eingeleitet.
11. Abschluss einer Mitgliedschaft	Hat sich der Interessent entschieden eine monatliche oder eine Jahresmitgliedschaft zu machen, werden weitere Daten von ihm aufgenommen und die Mitgliedschaft von beiden Seiten unterschrieben.
12. After-Sales	Es wird eine Gratulation zur Mitgliedschaft ausgesprochen und es werden weitere Termine mit dem Kunden in dem Terminkalender verbucht. Nachdem alles geklärt worden ist und keine weiteren Fragen aufkamen, wird das Mitglied höflich verabschiedet.

1.2 Vergleich mit den 13 Phasen des Verkaufs

In der Folgenden Tabelle werden noch einmal die „13 Phasen des Verkaufs" vorgestellt.

Tab. 2: „13 Phasen des Verkaufs"

Begrüßung	1. Vorbereitung
	2. Kontaktaufnahme
	3. Aufbau einer persönlichen Beziehung
Bedarfsanalyse	4. Bedarfsanalyse
Angebotspräsentation	5. Durchführung einer Angebotspräsentation
	6. Angebots- und Bestätigungsphase
	7. Entschluss für Fitness- und Gesundheitsangebot
	8. Preispräsentation
	9. „Ja" für die Mitgliedschaft
	10. Preispräsentation für das Startpaket
Abschluss	11. Vorabschluss
	12. Abschluss einer Mitgliedschaft
	13. After-Sales-Phase

Stellt man den Verkaufsprozess meines Unternehmens mit den „13 Phasen des Verkaufs" gegenüber, so fällt einem auf, dass einige Punkte übereinstimmen, dafür sich andere Punkte unterscheiden bzw. nicht vorhanden sind. Von der Begrüßungsphase bis zur Bedarfsanalyse stimmt der Verkaufsprozess meines Unternehmens mit dem des

„13 Phasen des Verkaufs" überein. Der erste Unterschied liegt bei meinem Unternehmen an dem Probetraining, das wir direkt nach der Bedarfsanalyse machen, da sich viele Menschen nichts unter EMS vorstellen können und dieses erst einmal ausprobieren möchten. Anschließend ähneln sich wieder beide Verkaufsprozesse bis zur letzten Phasen, nur dass der Verkaufsprozess in meinem Unternehmen nicht die 7. und 10. Phase der „13 Phasen des Verkaufs" besitzt. Der Grund für den Verzicht der 7. Phase liegt darin, dass das vorherige Probetraining den meisten Kunden direkt aufzeigt, das Fitness für sie das Richtige bzw. das Notwendige ist. Das Weglassen der 10. Phase begründet sich damit, dass wir kein Startpaket besitzen.

1.3 Verkaufsprozessoptimierung

Um den Verkaufsprozess zu optimieren könnte mein Ausbildungsbetrieb einen Standard im Verkaufsprozess festlegen, da jeder Verkäufer individuell handelt und dies zu abweichenden Ergebnissen führt. Eine weitere Art der Optimierung wären regelmäßige Schulungen im Bereich Verkauf für die Mitarbeiter.

2 Kundenorientierung

2.1 Konzept der Selbstkonkordanz – Transformation der Modi

Das Konzept der Selbstkonkordanz „spiegelt das Ausmaß wider, in dem eine Zielintention mit den persönlichen Interessen und Werten der Person übereinstimmt" (Schlaffke & Plünnecke, 2015, S. 45). Man unterscheidet vier verschiedene Modi der Selbstkonkordanz von Zielintentionen: Den externalen Modus, den introjizierten Modus, den identifizierten Modus und den intrinsischen Modus. In der folgenden Tabelle wird auf die Definition der einzelnen Phasen noch einmal kurz eingegangen.

Tab. 3: Definition der Modi (nach Schlaffke & Plünnecke, 2015, S. 46)

Modus	Definition
Externaler Modus	Eine Zielintention wird nur deshalb verfolgt, weil die Person von außen dazu veranlasst wurde.
Introjizierter Modus	Die Person hat Gründe, die zur Herausbildung der Zielintention geführt haben, zwar schon verinnerlicht, aber es sind noch nicht die eigenen Beweggründe.

Identifizierter Modus	Die Person hat die Gründe der Zielintention in einer freien Entscheidung für sich selbst als wichtig angesehen und die Zielintention deshalb im Einklang mit seinem persönlichen Überzeugungs- und Wertesystem gebracht.
Intrinsischer Modus	Die Person braucht zur Herausbildung der Zielintention gar keine Gründe mehr, die außerhalb des angestrebten Verhaltens selbst liegen.

Auf Grundlage dieses Wissens über die Modi der Selbstkonkordanz lassen sich mehrere Strategien entwickeln, wie man eine Person von einem Modus in den nächsten überführen kann. In Tabelle 4 werden drei Strategien angewandt um eine Person von dem externalen Modus in den introjizierten Modus, von dem introjizierten Modus in den identifizierten Modus und von dem identifizierten Modus in den intrinsischen Modus zu überführen.

Tab. 4: Strategien zur Überführung eines Kunden vom externalen Modus in den introjizierten Modus, vom introjizierten Modus in den identifizierten Modus und vom identifizierten Modus in den intrinsischen Modus

Externaler Modus → introjizierter Modus	Um einen Kunden von dem externalen Modus in den introjizierten Modus zu überführen könnte man dem Kunden mittels Werbeaktionen vermitteln, dass wenn man keinen Sport macht, sich die Gesundheit drastisch verschlechtern kann je älter man wird.
Introjizierter Modus → identifizierter Modus	Um einen Kunden von dem introjizierten Modus in den identifizierten Modus zu überführen könnte man dem Kunden mittels einer BIA-Messung aufzeigen, wie gut ihm der Sport tut bzw. welche positiven morphologischen Veränderungen die Person schon gemacht hat.
Identifizierter Modus → intrinsischer Modus	Um einen Kunden von dem identifizierten Modus in den intrinsischen Modus zu überführen könnte man dem Kunden mittels eines individuellen Trainingsplans und positivem Feedback dem Spaß am Sport näher bringen und ihn so zu seiner Lebenseinstellung machen.

2.2 Kundenbindung

In der nachfolgenden Tabelle werden fünf mögliche Maßnahmen gegen das „Motivationsloch" aufgelistet.

Tab. 5: Fünf Maßnahmen gegen das „Motivationsloch"

1. Maßnahme	Check-up
2. Maßnahme	Änderung des Trainingssystems
3. Maßnahme	Wöchentliche Rangliste
4. Maßnahme	Belohnungen für regelmäßige Besuche
5. Maßnahme	„Socialising"

Um erfolgreiche Maßnahmen für ein Unternehmen zu finden, muss man sich die Eckpfeiler der Kundenbindung vor Augen führen. Man möchte die Motivation des Kunden aufrecht erhalten und eine Kündigung vermeiden. Dies geschieht wenn der Kunde seine Erfolge in regelmäßigen Abständen aufgezeigt bekommt (Check-ups), falls Abweichungen von den Zielen des Kunden vorhanden sind, können sofort andere Maßnahmen ergriffen werden (z.B. Änderung des Trainingssystems). Auch den Ehrgeiz des Kunden zu wecken ist ein wichtiger Faktor bei der Kundenbindung (wöchentliche Rangliste). Wenn das Training für den Kunden einen Wert bekommen hat, ist der Kunde weniger gewillt eine Kündigung zu schreiben. Ein solcher Wert kann durch materielle (Belohnungen für regelmäßige Besuche) oder auch immaterielle („Socialising") Einflüsse entstehen. Mit diesen fünf Maßnahmen kann man individuell auf die Bedürfnisse des Kunden eingehen, ihm den Spaß am Sport vermitteln und somit die Abbruchquote reduzieren.

2.3 Zusatzverkäufe

2.3.1 1. Beispiel: Getränkeservice - Thekenbereich

Der Getränkeservice beinhaltet ein Mineralgetränk vor dem Training und einen Eiweißshake für danach. Die Kunden können aus einem wechselnden Sortiment ihren gewünschten Geschmack wählen.

2.3.2   2. Beispiel: Wäscheservice – Thekenbereich

Der Wäscheservice beinhaltet ein großes Handtuch zum Duschen und die Trainingsunterwäsche für das EMS-Training, welche vom Unternehmen gestellt wird, andernfalls muss man sie einmalig erwerben.

2.3.3   3. Beispiel: Kryolipolyse - Beautybereich

Die Kryolipolyse ist ein Gerät, mit dem durch die lokale Anwendung von Kälte die Fettzellen zerstört und dann auf natürliche Weise über den Stoffwechsel abtransportiert werden. Die Behandlung ist schmerzfrei und dauert 50 Minuten.

2.3.4   Drei weitere Möglichkeiten Zusatzverkäufe zu generieren

Proteinriegel

Für weitere Einnahmen am Thekenbereich könnte man Proteinriegel anbieten. Diese kann man im Vergleich zu den Eiweißshakes im Laufe des Tages verzehren. Die Proteinriegel wären Ideal für Menschen mit wenig Zeit zum Essen (Manager, Sekretäre, etc.) und mit ihrer Hilfe sichert man die tägliche Proteinzufuhr.

Ernährungsplan

Zur Herbeiführung und Sicherung der Erfolge des Kunden wäre ein Ernährungsplan passend. Jeder Ernährungsplan müsste individuell auf den Kunden abgestimmt sein, weil nicht jeder Kunde die gleichen Vorlieben hat oder das gleiche essen kann (Religion, Ernährungsweise, Allergene etc.). Das Konzept eines Ernährungsplans wäre für jede Zielgruppe geeignet und wäre eine ideale Ergänzung für das EMS-Training.

Massage

Ein Masseur samt Ausstattung würde das Unternehmen mit einem Wellnessbereich erweitern. Die Massage hätte verschiedene Behandlungen (Ganz-/Teilkörpermassage) und würde 20 Minuten dauern. Mit einer Massage könnte man den Aufenthalt des Kunden im Unternehmen verlängern, was dazu führen könnte, dass er noch weitere Zusatzverkäufe wahrnimmt (Thekenbereich). Besonders die Gestressten und Kunden mit einem Bürojob würde man mit der Massage ansprechen (Bürofachangestellte), aber auch sonst jeden Kunden der in den Genuss einer Massage kommen möchte.

3   Teams, Motivation & Führung

3.1   Teamentwicklung

In der Folgenden Tabelle werden unterstützende Maßnahmen vom Teamleiter in der Teamentwicklung nach Tuckmann (1965) vorgestellt.

Tab. 6: Unterstützende Maßnahmen vom Teamleiter in der Teamentwicklung nach Tuckmann (1965)

	Gruppenmitglieder vorstellen
Forming	Aufgaben und Ziele der vorliegenden Arbeit gut vorbereiten
Storming	Cliquenbildungen unterbinden
	Spielregeln einbauen
	Vertrauen des Teams fördern
Norming	Kooperationen zwischen den einzelnen Mitarbeitern schaffen
Peforming	Motivation des Teams aufrecht erhalten
	Kommunikation offen halten

In der Storming Phase ist der Teamleiter besonders gefordert. In dieser Phase liegen unterschwellige oder offen ausgetragene Konflikte vor, aufgrund von unterschiedlichen Persönlichkeiten und Arbeitsweisen der Gruppenmitglieder die hier aufeinanderstoßen (Gellert & Nowak, 2010, S. 210). Die Aufgabe des Teamleiters besteht darin eine Balance herzustellen, indem er für ein harmonischen Umgang untereinander und eine klare Rollenstruktur in der Arbeitsweise sorgt.

3.2   Motivation

„Einzelprovisionen sind in der Fitnessbranche die beste Möglichkeit die Mitarbeiter im eigenen Unternehmen dauerhaft zu motivieren."

Eine Einzelprovision ist nur für einen Einzelnen bestimmt, somit steigert man nur die Motivation eines einzelnen Mitarbeiters. Diese Motivation geht allerdings meist nur soweit, wie man provisiert wird. Besser wäre eine Gruppenprovision, da man hier das ganze Team, worauf ein Fitnessunternehmen aufbaut, motiviert. Der Nachteil an der Gruppenprovision wäre die Verteilung des Geldes, weil sich unproduktive Mitarbeiter in der Gruppe verstecken können. Am Idealsten wäre es jedoch, wenn man die Mitarbeiter von der extrinsischen Motivation (Provision) in die intrinsische Motivation (Eigenmotivation) durch mentales Training und Freude an der Arbeit überführt, um sie dauerhaft zu motivieren.

3.3 Führung

3.3.1 Fallbeispiel 1

Bei dem Fallbeispiel 1 handelt es sich um den direktiven Leadership-Style. Deutlich zu erkennen ist dieser bei der ständigen Überwachung (Kontrollgänge), den klaren Anweisungen (exakte Vorgaben, To Do-Listen) und der alleinigen „Herrschaft" (keine Verbesserungsvorschläge, Sanktionierungen).

3.3.2 Fallbeispiel 2

Bei dem Fallbeispiel 2 handelt es sich um den affiliativen Leadership-Style. Dieser beruht anders als der direktive Leadership-Style auf „Harmonie und Konsens unter den Mitarbeitern und mit der Führungskraft" (Schlaffke & Plünnecke, 2015, S. 119). Den Konsens erkennt man durch das „Wir" am Anfang des Textes. Ebenso durch die häufigen Treffen in denen viel über die Arbeit, gemeinsame Ziele und mögliche Wege, wie z. B. sich verbessern können, gesprochen wird. Die Harmonie sieht man daran, dass man untereinander auch über andere Dinge spricht, welche nichts mit der Arbeit zu tun haben und sich in der Freizeit für gemeinsame Aktivitäten trifft. Genauso ist es der Führungskraft hier wichtig, dass sich jeder Mitarbeiter wohlfühlt und sich frei entfalten kann.

4 Controlling

4.1 Kennzahlen im Vertrieb

In der folgenden Tabelle wird die Statistik der letzten drei Monate von der XY GmbH aufgezeigt.

Tab. 7: Statistik der letzten drei Monate von der XY-GmbH

	Dezember 2015	Januar 2016	Februar 2016
Interessenentenanrufe	34	26	40
Vereinbarte Beratungstermine	27	22	32
Erschienenen Beratungstermine	22	17	23
Abgeschlossene Mitgliedschaften	10	10	5

4.1.1 Telefonquote

Telefonquote: $\dfrac{Anzahl\ der\ vereinbarten\ Beratungstermine}{Anzahl\ Interessentenanrufe} \times 100$

Berechnung der Telefonquote für die letzten drei Monate

Dezember: $\dfrac{27}{34} \times 100 = 79{,}41\ \%$

Januar: $\dfrac{22}{26} \times 100 = 84{,}62\ \%$

Februar: $\dfrac{32}{40} \times 100 = 80\ \%$

4.1.2 Termineinhaltungsquote

Termineinhaltungsquote: $\dfrac{Anzahl\ der\ erschienenen\ Beratungstermine}{Anzahl\ der\ vereinbarten\ Beratungstermine} \times 100$

Berechnung der Termineinhaltungsquote der letzten drei Monate

Dezember: $\dfrac{22}{27} \times 100 = 81{,}48\ \%$

Januar: $\dfrac{17}{22} \times 100 = 77{,}28\ \%$

Februar: $\dfrac{23}{32} \times 100 = 71{,}88\ \%$

4.1.3 Abschlussquote

Abschlussquote: $\dfrac{Anzahl\ der\ abgeschlossenen\ Mitgliedschaften}{Anzahl\ der\ durchgeführten\ Beratungen} \times 100$

Berechnung der Abschlussquote für die letzten drei Monate

Dezember: $\frac{10}{22} \times 100 = 45{,}46\,\%$

Januar: $\frac{10}{17} \times 100 = 58{,}82\,\%$

Februar: $\frac{5}{23} \times 100 = 21{,}74\,\%$

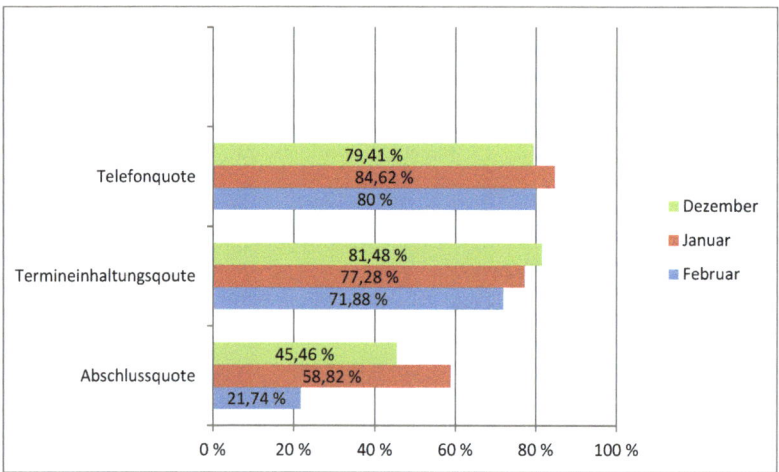

Abb. 1: Entwicklung der Kennzahlen für die letzten drei Monate von der XY GmbH

4.1.4 Beurteilung der Unternehmenskennzahlen

Für ein EMS Unternehmen sind die Kennzahlen annehmbar. Diese Art von Fitness ist für die meisten Menschen neu, daher kommt es zu einer großen Nachfrage an Informationen, die sie mithilfe eines Telefonats bzw. einer Beratung bekommen wollen (Sichtbar an der Telefon- und Termineinhaltungsquote). Nach dem Probetraining entscheidet dann jeder potenzielle Kunde, ob diese Art von Fitness seinen Vorstellungen entspricht (schwankende Abschlussquote).

Die Entwicklung der letzten drei Monate ist typisch für die Fitnessbranche. Über Dezember und Januar waren die Termineinhaltungsquote und die Abschlussquote am höchsten, was sicherlich mit Weihnachten und den guten Neujahrsvorsätzen zu begründen ist. Der Februar läutet dann schon meist das Ende der Bereitwilligkeit für die Neujahrsvorsätze ein, was die ernüchternde Abschlussquote erklärt.

4.2 Fluktuationsquote

4.2.1 Durchschnittlicher Mitgliederbestand

Bevor wir die Fluktuationsquote ausrechnen können benötigen wir erst einmal den durchschnittlichen Mitgliederbestand, den wir wie folgt ausrechnen:

$$\frac{Mitgliederanfangsbestand + Mitgliederendbestand}{2}$$

Berechnung des durchschnittlichen Mitgliederbestands für die XY GmbH im Jahr 2015

$$\frac{23 + 98}{2} = 61 \, Mitglieder$$

Hierbei muss erwähnt werden, dass es die XY GmbH erst seit Januar 2015 gibt und zuvor eine zweimonatige Vorverkaufsphase hatte.

4.2.2 Fluktuationsquote der XY GmbH im Jahr 2015

$$\frac{Anzahl \, der \, Abg\ddot{a}nge}{Durchschnittlicher \, Mitgliederbestand} \times 100$$

Berechnung der Fluktuationsquote der XY GmbH im Jahre 2015

$$\frac{38}{61} \times 100 = 62{,}3 \, \%$$

4.2.3 Berechnung des Mehrumsatzes für der XY GmbH auf der Grundlage der Fluktuationsquotensenkung um 5 Prozentpunkte

Senkung der Fluktuationsquote um 5 Prozentpunkte

$$62{,}3 \, \% \rightarrow 57{,}3 \, \%$$

Berechnung des Mehrumsatzes

Bevor wir den Mehrumsatz mit der neuen Fluktuationsquote (57,3 %) berechnen, benötigen wir erst einmal den Umsatz mit der alten Fluktuationsquote (62,3 %).

Formel zur Berechnung des Umsatzes mit der Fluktuationsquote

$$(Mitgliederderendbestand - Anzahl \, der \, Abg\ddot{a}nge)$$
$$\times Monatsbeitrag \, f\ddot{u}r \, eine \, Jahresmitgliedschaft \times 12 Monate$$

Daraus folgt folgende Berechnung:

$$(98 - 38)\times99 \; €\times12 = 71.520 \; €$$

Der Umsatz mit der alten Fluktuationsquote beträgt 71.520 €.

Desweiteren brauchen wir für die Mehrumsatzberechnung die Anzahl der Abgänge von der neuen Fluktuationsquote von 57,3 %. Daraus folgt folgende Berechnung:

$$\frac{x}{61}\times100 = 57,3 \; \%$$

Wir stellen die Formel nach x um:

$$x = \frac{57,3\times61}{100} \approx 35 \; \text{Abgänge}$$

Im nächsten Schritt berechnen wir den Umsatz mit der neuen Fluktuationsquote (57,3 %)

$$(98 - 35)\times99 \; €\times12 = 74.844 \; €$$

Der Umsatz mit der neuen Fluktuationsquote beträgt 74.844 €.

Im letzten Schritt subtrahieren wir die Umsätze der zwei Fluktuationsquoten.

$$74.844 \; € - 71.520 \; € = 3.324 \; €$$

Der Mehrumsatz mit der neuen Fluktuationsquote beträgt 3.324 €. Hier muss erwähnt werden, dass unser Unternehmen auch mit von Monat zu Monat kündbaren Verträgen, Zehnerkarten, Gutscheinen und Kooperationen mit anderen Firmen zu Sonderkonditionen arbeitet. Diese wurden in den Rechnungen außen vor gelassen, da wir uns nur auf die Jahresmitgliedschaften konzentriert haben.

5 Literaturverzeichnis

Gellert, M. & Nowak, C. (2010). *Ein Praxisbuch für die Arbeit in und mit Teams* (4. Aufl.). Meezen: Limmer.

Schlaffke, W. & Plünnecke, A. (2015). *Studienbrief Verkaufsmanagement*. Saarbrücken: Deutsche Hochschule für Prävention und Gesundheitsmanagement.

6 Abbildungs- und Tabellenverzeichnis

6.1 Abbildungsverzeichnis

Abb. 1: Entwicklung der Kennzahlen für die letzten drei Monate der XY GmbH

6.2 Tabellenverzeichnis